Katia Simon

Ein Weihnachtsgeschenk für Elias

Eine Adventskalendergeschichte
mit Illustrationen von Bärbel Witzig

Kaufmann Verlag

Inhalt

1. Ein Esel stellt sich vor

Elias macht ein paar weite Sätze. Dann bleibt er ruckartig stehen und wackelt mit seinen Ohren. Endlich frei! Der Esel macht noch ein paar Bocksprünge, verschwindet dann hinter der nächsten Baumreihe und galoppiert über die verschneiten Felder, bis er in der Dämmerung kaum noch zu erkennen ist.

„Elias? Eliiiiiias!" Damir kommt aus dem Haus gerannt und schaut sich suchend um. Er öffnet die Tür zum Stall, aber der ist leer.

„So ein verrückter Esel", murmelt Damir. „Da passt man einmal nicht auf und schon ist er wieder über alle Berge." Er läuft einmal um das Haus herum und guckt sogar hinter die kahlen Brombeerbüsche. Aber der Esel ist nirgends zu sehen. Kopfschüttelnd geht Damir zurück ins Haus.

Währenddessen ist Elias im nächsten Dorf angekommen. Dumpf klappern seine Hufen auf dem plattgetretenen Schnee. Elias wird langsamer, bis er schließlich vor einem Gartentor stehen bleibt. Mmmh, das riecht gut! Der Esel streckt seinen Kopf über den Zaun und atmet tief ein. Da müssen doch irgendwo Körner sein!

Elias' Magen knurrt, er ist hungrig. Im Stall wäre jetzt Futterzeit. Aber bei Damir müsste er dafür arbeiten, also kümmert er sich doch lieber selbst um sein Abendessen.

Elias streckt seinen Kopf noch ein bisschen weiter über den Zaun. Auf einem Pfahl vor dem Haus sieht er ein blaues kleines Haus. Darin liegen Körner für Vögel, die kein Futter finden, weil es so viel geschneit hat.

Vorsichtig drückt Elias gegen das Tor, es ist verschlossen. Er ist ratlos, hinter dem Tor sind doch diese wunderbaren Körner!

Als hätte sie jemand nur für ihn dort hingelegt. Wie soll Elias nur an sie herankommen?

Da hat er eine Idee. Erst geht er drei Schritte zurück, dann rennt er mit einem lauten Krachen mitten durch das Tor und steht in dem kleinen Garten. Elias schüttelt sich, kleine Holzteile fliegen aus seinem Fell und die Ohren wackeln wild hin und her. Dann läuft er den Weg entlang bis zum kleinen Häuschen.

Im großen Haus gehen nacheinander die Lichter an und ein Fenster wird aufgerissen.

„Hallo? Wer ist da?", ruft ein Mann. „Was ist das für ein Lärm?" Seine Stimme klingt wütend.

Elias ist erschrocken. Hoffentlich sieht mich der Mann nicht, denkt er, jetzt schnell noch die Körner finden! Elias schiebt seinen mächtigen Kopf nach vorne, stößt gegen das Vogelhaus und versucht sein Maul hineinzustecken. Er schnappt sich ein paar Körner.

Dabei gibt es ein lautes, krachendes Geräusch und das Häuschen kippt vom Pfahl. Elias macht einen großen Satz nach hinten und beeilt sich, wieder aus dem Garten herauszukommen.

2. In der Bäckerei

Als Ben und Luisa am nächsten Morgen in der Bäckerei Brötchen kaufen wollen, müssen sie lange warten. Viele Bewohner des Dorfes sind hier und reden aufgeregt durcheinander. Eigentlich wollen sie alle einkaufen, aber heute Nacht ist so viel passiert, das müssen sich die Leute erstmal erzählen.

„Da war doch gestern Nacht tatsächlich ein Einbrecher bei uns!", berichtet Frau Sonnenschein und bekommt ganz rote Flecken im Gesicht. So wie immer wenn sie sich aufregt.

„Erst hat er das Gartentor kaputt gemacht und dann in unserem Garten randaliert. Zum Glück ist mein Mann wach geworden und hat ihn überrascht. Sonst hätte der Dieb bestimmt mein schönes Vogelhaus geklaut. Er hatte es schon abgebrochen und das Vogelfutter war herausgefallen."

Frau Meier fasst ihren Einkaufskorb fester: „Und bei uns war auch jemand. Er hat in unserem Schuppen Äpfel geklaut."

Anna und Tim erzählen, dass jemand ganz laut gerufen hat. Die Leute in der Bäckerei reden jetzt alle durcheinander. Viele haben etwas gehört, in manchen Gärten und Häusern sind Dinge verschwunden, aber niemand hat den Dieb gesehen.

„Wer ist bloß dieser Unbekannte?", überlegt Bäcker Müller. „Wir könnten doch eine Belohnung aussetzen, für den, der den Dieb fängt!"

Luisa und Ben staunen. Ein Dieb in Herzbruch? Sie vergessen, dass sie eigentlich Brötchen für das Familienfrühstück kaufen wollten und laufen aus der Bäckerei.

„Es ist ein echter Dieb in Herzbruch", ruft Ben. „Endlich ist mal was los hier." Er kratzt sich am Kopf, wie sein Vater, wenn er nachdenkt.

„Ich hab eine Idee!", ruft Ben. „Luisa, wir fangen den Dieb und bekommen die Belohnung."

Luisa bindet Finchens Leine los. „Du willst einen richtigen Dieb
fangen Ben? Das ist gefährlich. Ich mach da nicht mit und Finchen
auch nicht." Luisa umarmt den Hund und wuschelt durch sein Fell.

„Einen kleinen Hund klaut der Dieb bestimmt als Nächstes!", lacht
Ben und rennt los. „Wer als Erster zu Hause ist!"

„Du bist sooo blöd, Ben!", schreit Luisa und zieht Finchen an der
Leine hinter sich her.

3. Der geheimnisvolle Schrei

Luisas und Bens Vater öffnet die Tür. „Da seid ihr ja endlich! Lasst uns frühstücken. Wo habt ihr denn die Brötchen?"

„Oh!", die beiden Kinder gucken sich an. „Es war so spannend beim Bäcker, da haben wir die Brötchen ganz vergessen. Weißt du, was heute Nacht passiert ist, Papa?" Ben drückt sich an seinem Vater vorbei ins Haus. Atemlos erzählen Luisa und Ben abwechselnd, was sie in der Bäckerei gehört haben.

Papa lacht. „Einer der Äpfel klaut und ganz laut ruft? Was soll das denn für ein Dieb sein?! Kommt, lasst uns frühstücken, ich muss gleich in den Stall."

Und weil Mama noch schnell Pfannkuchen mit Zimt für alle macht, merkt niemand mehr, dass eigentlich die Brötchen fehlen. Papa zündet die erste Kerze am Adventskranz an und das ganze Haus ist plötzlich weihnachtlich, findet Luisa.

Nach dem Frühstück gehen Luisa und Ben mit Finchen raus. Sie wollen einen Schneemann bauen. „Echt, Luisa! Wir müssen den Dieb fangen", sagt Ben und tritt in eine Schneewehe.

Luisa seufzt. „Und wie wollen wir das schaffen? Wir sind Kinder!"
ZACK! Plötzlich hat Luisa etwas Kaltes im Nacken. „Ben! Du bist so gemein!", ruft sie.

„Ich war das nicht", wehrt Ben ab.

Lachend stehen Tim und Anna im Hoftor. „Schneeballschlacht!", kreischt Luisa und wirft eine Handvoll Schnee auf Ben. Immer mehr Schneebälle fliegen hin und her. Zwischen den Kindern hopst Finchen und versucht, die Bälle mit dem Maul zu fangen.

Luisas und Bens Vater trägt zwei Eimer über den Hof und guckt lachend der Schneeballschlacht zu. Er duckt sich, um keines der

Geschosse abzubekommen. Als er die Stalltür öffnet, wiehern die Ponys und Rona ruft laut „I-ah".

„Das ist es!", ruft Tim und lässt die Arme sinken. „Anna, genau das hab ich gehört letzte Nacht. So hat der Dieb gerufen."

„Aber das ist doch die Rona!", sagt Luisa.

Ben muss lachen. „Rona ist der Dieb? Die kommt doch gar nicht aus dem Stall raus!"

Ben rennt als Erster los und wird von Tim überholt. Die Mädchen gehen langsamer hinterher. Im Stall strecken die Ponys nacheinander ihre Köpfe über die Boxentüren. Vielleicht hat ja eines der Kinder eine Möhre! Aber sie gehen vorbei, bis sie vor der hintersten Box stehen. Darin lebt die Eselin Rona mit dem Pony Anton.

„Siehst du, die Box ist zu! Die Rona kann hier gar nicht rauskommen und nachts in Herzbruch Krach machen und Sachen klauen. Dafür ist sie auch viel zu faul", ruft Ben. Anna fällt etwas ein: „Vielleicht war der Dieb ja ein anderer Esel?"

Aber kann denn wirklich ein Esel der Dieb sein? Ben kratzt sich am Kopf.

4. Im Stall

Die vier Kinder stehen vor der Box von Rona und Anton. Anna krault das Pony unter der Mähne. Es sucht ihre Taschen nach Leckereien ab und schnaubt. Anna kichert. „Lass das, du kitzelst mich!" Ben und Tim schauen sich erst Rona und dann die Box ganz genau an. „Also Rona kann es nicht gewesen sein. Hier kommt sie nicht einfach raus", stellt Ben fest. „Vielleicht war es wirklich ein anderer Esel, der die Sachen gemacht hat!"

Die Kinder überlegen, was haben die Leute über den Dieb gesagt? „Frau Sonnenscheins Vogelhaus wurde abgebrochen. Aber was will denn ein Esel damit?", fällt Luisa ein. „Im Vogelhaus war doch Futter!", sagt Anna. „Vielleicht hatte der Esel ja Hunger und hat das Haus nur aus Versehen abgebrochen? Das Schreien hat sich auf jeden Fall genauso angehört wie Ronas I-ah-Rufe."

Tim verstellt seine Stimme und tut so, als ob er die anderen erschrecken wollte. „Und wenn es kein Esel war, dann war es ein großes, hässliches Ungeheuer."

„Quatsch, Ungeheuer gibt's nicht. Der Dieb ist auf jeden Fall ein Esel und wir suchen jetzt den Diebesesel!", ruft Ben.

Anna möchte lieber mit Luisa bei den Ponys bleiben und reiten. Luisa nimmt Finchen in den Arm und setzt sich auf einen Heuballen. „Ich will auch keinen Esel suchen", seufzt sie. „Wir haben doch schon einen!"

Ben stellt sich vor seine kleine Schwester „Wie ihr wollt! Aber wenn wir die Belohnung kriegen, weil wir den Dieb gefangen haben, dann geben wir euch nichts ab", sagt er. Ach ja, die Belohnung!

Der Bäcker hatte gesagt, dass es eine Belohnung geben soll für den, der den Dieb fängt.

„Anna, wir reiten morgen", schlägt Luisa vor. „Heute gehen wir mit den Jungs das Esel-Ungeheuer suchen."

Zusammen laufen die Kinder mit dem Hund los. „Moooment mal!", hören sie da von hinten. Es ist Papa, der aus der Futterkammer kommt. „Wo wollt ihr denn hin?"

„Oh nein! Papa erlaubt's bestimmt nicht!", wispert Ben. „Wir müssen uns was ausdenken."

Luisa fällt etwas ein: „Wir haben Mamas Einkaufskorb in der Bäckerei vergessen. Den holen wir schnell!", ruft sie Papa zu.

„Na, dann kommt aber gleich wieder!", antwortet er.

„Wir gehen jetzt zum Bäcker?" Anna ist verwirrt. Die anderen lachen.

5. Auf Spurensuche

Die Kinder stehen vor dem Hof. Wo sollen sie nur anfangen, zu suchen? Tim schlägt vor, jeden zu fragen, ob er einen Esel gesehen hat.

Ben hat eine andere Idee. „Richtige Detektive finden Spuren! Wir gehen in den Garten von Frau Sonnenschein und suchen!" Das ist eine gute Idee, sind sich alle einig.

„Los, Finchen! Wir gehen zu Frau Sonnenschein. Such Finchen, such", ruft Luisa. Finchen wedelt mit dem Schwanz. Frau Sonnenschein hat immer ein Stück Hundekuchen, das weiß sie. Und schon rennt sie los. So schnell, dass Luisa hinterhergezogen wird und fast ausrutscht. Sie kreischt.

Bald stehen die Kinder vor dem Haus von Familie Sonnenschein am kaputten Gartentor. Eine Tannengirlande mit roter Schleife hängt traurig abgerissen nach unten. „Dürfen wir da einfach so reingehen?", Anna zögert.

Aber Ben steht schon im Vorgarten. „Na klar, das Tor ist ja offen!" Die anderen klettern über das kaputte Tor in den Garten. Tim läuft gebückt und in kleinen Schritten durch den Schnee. „Nicht zu nah ans Vogelhaus! Da sind bestimmt die besten Spuren!" Vorsichtig geht er weiter und Ben drängelt sich neben ihn. Da! Hier war ein Esel. Dort sind die Spuren seiner Hufen im Schnee. Ben ist aufgeregt. „Ach, Antons Spuren sehen aber auch so aus", sagt Luisa.

Da, plötzlich ein lautes Geräusch, alle hören es ganz deutlich. „IIIII-aaaah!" Ein Esel! „IIIII-aaaah!" Da ist es wieder. Woher kommt das Rufen? Die Kinder laufen aus dem Garten, Finchen rennt bellend hinterher. Als sie auf der Straße stehen, hören sie es wieder, diesmal ein bisschen lauter. „IIIII-aaaah!"

Es kommt vom Dorfweiher, schnell! Die vier rennen die leere Dorfstraße entlang. Und da steht tatsächlich ein Esel am Zaun neben
dem Weiher. Ein richtiger echter Esel. Er sieht fast so aus wie Rona,
aber er trägt ein rotes Tuch um den Hals!

„Ich hatte recht!" Ben ist stolz.

„Wem der wohl gehört?", überlegt Luisa.

„Es ist ein wilder Esel! Der ist frei und lebt in der Prärie!", ruft Tim.

„Nee, hier gibt's ja gar keine Prärie. Der ist ganz alleine und hat
kein Zuhause mehr", sagt Luisa bestimmt. „Wir müssen ihn retten
und mitnehmen."

Luisa krault das Fell von Elias, der mittlerweile aufgehört hat, zu
rufen. „Willst du mit uns kommen, kleiner Esel?"

„Au ja, der kommt jetzt mit", sagt Ben. „Und dann gehen wir mit
ihm zum Bäcker und holen unsere Belohnung ab."

„NEIN!!", rufen Anna und Luisa. „Auf gar keinen Fall! Der kommt
mit uns nach Hause. Da verstecken wir ihn."

6. Wohin mit dem Esel?

„Na gut, dann nehmen wir ihn erstmal mit. Wir wissen ja noch gar nicht, was man als Belohnung bekommt", sagt Ben entschieden.

Luisa wird nachdenklich. „Aber wo sollen wir den Esel denn hintun? Papa sagt bestimmt Nein, wenn wir fragen."

Ben lacht. „Wir fragen doch nicht. Wir verstecken ihn einfach in der Kammer hinten im Stall. Da geht sowieso keiner rein."

Luisa tippt mit dem Zeigefinger an ihre Stirn „Über die Dorfstraße laufen, mitten am Tag, mit dem fremden Esel? Und wenn uns jemand sieht?"

Anna hat eine Idee. „Können wir nicht einfach das rote Halstuch abmachen? Dann sieht der Esel fast aus wie Rona und die Leute denken, dass wir mit ihr spazierengehen!"

So wollen sie es machen. Anna nimmt das Halstuch ab und als sie es in ihre Jackentasche steckt, sieht sie, dass etwas darauf steht. Ben, der schon in die Schule geht, reißt Anna das rote Tuch aus der Hand. „E-L-I-A-S!", buchstabiert er.

„Elias!", sagt Luisa andächtig und krault den Esel zwischen den Ohren. „Bist du das? Heißt du Elias?" Der Esel schnaubt leise und reibt sein Maul an Luisas Jacke.

Ben legt Finchens Leine um den Hals von Elias. Der Esel wackelt mit seinen Ohren und guckt die Kinder neugierig an.

„Er mag uns! Er weiß bestimmt, dass wir ihm Heu und Möhren geben wollen", sagt Anna.

Ben zieht zaghaft an Elias' Leine. „Los, komm, du Prärie-Esel!"

Sie sind erst ein paar Meter gelaufen, da kommt den Kindern Fräulein Gröben entgegen.

„Guten Tag!", sagt sie freundlich und mustert Elias von oben bis unten. Die Kinder grüßen zurück und wollen schnell vorbeigehen.

„Ihr habt aber einen hübschen Esel", sagt Fräulein Gröben zu Ben.

„Mmh", sagt Ben. „Wir gehen mit Rona spazieren, aber jetzt müssen wir nach Hause. Tschüs!", ruft er und zieht Elias hinter sich her.

„Das ist Rona?", fragt Fräulein Gröben nachdenklich, aber da sind die vier Kinder schon um die nächste Ecke verschwunden. Sie bleiben stehen.

„Puh, Fräulein Gröben hat ganz komisch geguckt", sagt Luisa.

„Ach, Quatsch!", macht sich Ben selber Mut. „Die hat nix gemerkt. Wir müssen jetzt noch an Papa vorbei und dann ist der Esel in Sicherheit."

Luisa rennt vor. Papa ist nirgends zu sehen. Sie gibt den anderen ein Zeichen und die kommen mit Elias über den Hof gerannt. Ben zieht und Tim schiebt Elias und so schubsen und drängeln sie ihn in den Stall, an Rona und Anton vorbei in die Kammer.

Luisa und Anna holen noch einen Eimer Wasser, einen Arm voll Heu und ein paar Möhren. Elias ist zufrieden.

7. Einkauf mit Hindernissen

Die Mutter bittet Luisa und Ben, zum Bäcker zu gehen. Sie sollen ein Brot kaufen.

Vor der Bäckerei treffen sie Frau Sonnenschein. „Hallo ihr beiden. Und hallo Finchen, du hübsches Hundemädchen!", sagt sie und krault Finchen hinter den Ohren. „Da hat wieder jemand so laut gebrüllt, heute Mittag!", erzählt Frau Sonnenschein. „Habt ihr das auch gehört? Richtig unheimlich war das. Es war bestimmt der Dieb!"

Ben und Luisa schauen sich an. „Nee, wir haben gar nichts gehört!", sagt Luisa schnell.

„Wir müssen dringend Brot kaufen", ergänzt Ben und zieht Luisa hinter sich her.

Frau Sonnenschein bleibt verwirrt zurück „Warum haben die Kinder es denn nur so eilig", murmelt sie. „Sonst haben sie doch auch immer Zeit."

Luisa trägt das Brot und Ben nimmt Finchens Leine. Er schimpft: „Wieso hängen die denn keinen Zettel auf in der Bäckerei, auf dem steht, wie viel Belohnung man bekommt?" Luisa zuckt mit den Schultern. Sie will gar keine Belohnung haben, sie will Elias behalten. Vielleicht könnte sie sich zu Weihnachten wünschen, dass Elias für immer bei ihnen bleiben kann. Das wäre toll und Rona hätte endlich einen richtigen Freund. Zu Weihnachten kann man sich wünschen, was man will, hat Mama gesagt. Luisa will es gleich auf ihren Wunschzettel schreiben, wenn sie zu Hause sind.

„Wenn Elias wieder so laut ruft, dann wird er bestimmt entdeckt", unterbricht Ben ihre Gedanken. „Und dann kriegen wir gar keine Belohnung! Wir müssen was machen, damit er ruhig bleibt."

Da steht Fräulein Gröben plötzlich vor den Kindern. „Ach, Luisa und Ben", sagt sie. „Habt ihr vorhin auch diese seltsamen Rufe gehört?" Sie guckt Luisa direkt ins Gesicht. Luisa wird ganz warm im Gesicht. Sie schüttelt den Kopf und schaut schnell auf das Brot in ihrer Hand.

„Schade. Das Geräusch kam mir so bekannt vor. Ich dachte, ihr könnt mir vielleicht auf die Sprünge helfen." Fräulein Gröben lächelt die Kinder geheimnisvoll an und geht weiter.

„Meinst du, sie hat was gemerkt?" Luisa schaut Ben zweifelnd an. „Es ist ganz schön kompliziert, ein Geheimnis zu haben!" Ben piekst Luisa in die Seite. „Quatsch! Das weiß keiner außer uns, Tim und Anna!", macht er ihr Mut. „Jetzt komm, wir gehen schnell nach Hause und füttern Elias! Wenn er genauso verfressen ist wie Rona, dann schreit er nicht rum, wenn er genug zu Essen hat. Los, wer als Erster da ist!" Ben rennt los und Luisa stürmt hinterher.

8. Wo ist das Brot?

Ben und Luisa gehen in den Stall. Sie laufen durch die Stallgasse bis ganz nach hinten zur Kammer. Der Esel steht noch da, so wie sie ihn verlassen haben und knabbert an den letzten Heuhalmen.

„Elias!", Luisa legt das Brot auf ein Regal und schlingt ihre Arme um den Esel. Dann krault sie ihn zwischen den Ohren. „Das mag er ganz besonders gern!", erklärt Luisa ihrem Bruder.

„Da sind wir ja genau richtig gekommen!", stellt Ben fest. „Fast alles aufgefressen!" Er schleppt einen Arm voll Möhren und Heu in die Kammer. „Jetzt hast du genug zu essen. Und wehe du brüllst, Elias! Los komm, Luisa! Nicht, dass Mama und Papa was merken", sagt Ben.

„Tschüs, Elias!", ruft Luisa und krault ihn noch ein letztes Mal zwischen den Ohren. „Wir kommen dich morgen früh wieder besuchen!"

„Ben, legst du das Brot auf den Esstisch?", ruft Mama aus dem Wohnzimmer. Ben schaut Luisa an. Luisa schaut Ben an. Oh nein, das Brot! Wo ist das Brot?

„Du hast es getragen", zischt Ben.

„Nee, ich hatte es nicht!" Luisa zögert. „Oder doch? Ich glaube, es liegt noch bei Elias."

Ben seufzt und kratzt sich am Kopf. Dann läuft er aus dem Haus, über den Hof und in den Stall bis ganz nach hinten. Als Ben die Tür zur Kammer aufstößt, hört er das leise Rascheln einer Papiertüte.

„Oh nein!" Aber zu spät! Ben findet nur noch Papierfetzen und einen schmatzenden Elias, aber kein Brot.

„Das Brot ist weg!", flüstert Ben Luisa entgegen.

„Das Brot ist weg?" Luisa zwirbelt eine Haarsträhne zwischen den Fingern. „Aber ich hatte es doch noch bei Elias!"

Ben seufzt: „Das ist ja das Problem. Er hat es vor mir gefunden und dann hat er es gefressen. Unglaublich, wie viel Hunger so ein kleiner Esel hat!"

„Na, wo ist das Brot?" Mama kommt gut gelaunt mit einer großen Schüssel Salat aus der Küche. Luisa zuckt mit den Achseln.

„Herr Müller hatte schon alle Brote verkauft", sagt Ben schnell.

„Ihr habt aber heute auch ein Pech beim Bäcker", sagt Mama. „Na, macht nichts. Dann essen wir eben nur Salat."

Beim Essen erzählt Mama: „Im Dorf reden alle über die lauten Rufe letzte Nacht und das Vogelhaus von Frau Sonnenschein. Und auch heute Mittag hat Frau Sonnenschein dieses Rufen gehört. Komisch, oder? Wer klaut denn ein altes Vogelhaus?"

Papa zwinkert Ben und Luisa zu: „Da macht doch jemand nur Spaß! Ein Dieb, der so laut schreit, dass ihn jeder hören kann, und der Vogelhäuser aus Vorgärten klaut. Den gibt es gar nicht."

9. Wer sieht hier doppelt?

Es ist noch dunkel draußen, als Luisa am nächsten Morgen aus ihrem Bett kriecht. Nur in der Laterne leuchtet ein kleines Licht.

„Ben?", flüstert sie, aber von Bens Bett hört sie nur gleichmäßiges Atmen. Er schläft noch.

Luisa geht leise aus dem Kinderzimmer und aus dem Haus. Über Nacht hat es wieder geschneit. Mit ihren Stiefeln macht Luisa tiefe Spuren in den Schnee. Sie läuft mit großen Schritten zum Stall hinüber und schiebt mit aller Kraft die schwere Tür auf.

„Guten Morgen!", ruft sie in den leeren Stall. Leises Wiehern und ein „I-ah!", antworten ihr. Und dann noch ein zweites Mal „I-ah!", diesmal klingt es etwas tiefer. Luisa wundert sich. Dann entdeckt sie, dass die Tür von Ronas und Antons Box offen steht und auch die Tür zur Kammer. In der Box steht ein Esel, daneben noch einer und ganz gequetscht an der Wand das Pony Anton.

„Elias! Wie kommst du denn hier rein? Bist du ausgebrochen aus der Kammer?" Luisa muss lachen. „Gut, dass ich so früh aufgewacht bin. Wenn Papa dich gefunden hätte, oder Mama …"

Mit der einen Hand krault Luisa Rona zwischen den Ohren und mit der anderen Elias, denn Esel mögen das ganz besonders gern.

„Ihr passt so gut zusammen. Esel und Esel! Eigentlich musst du für immer bei uns bleiben, Elias! Ich wünsche mir das zu Weihnachten. Wir müssen nur noch Mama und Papa überzeugen – und Ben. Der will eine Belohnung haben für dich, wegen dem Lärm und so. Was wolltest du eigentlich mit dem Vogelhaus, Elias? Wolltest du das echt klauen?"

Da hört Luisa, wie die Stalltür quietschend aufgeschoben wird. „Oh nein!", flüstert sie. „Papa kommt. Er darf dich nicht finden, Elias", erklärt sie und schiebt den Esel energisch ganz nach hinten an die Wand. Aber es hilft nichts. Elias ist hinter Rona und Anton immer noch zu sehen, er ist einfach zu breit und zu groß und seine Ohren sind zu lang! Elias mag es nicht, hin- und hergeschoben zu werden. Deshalb beginnt er, unwillig zu schreien. „I-ah! I-ah!"

„Luisa! Warum hast du Elias in die Box getan?" Ben steht plötzlich hinter ihr.

„Wie gut, dass du nicht Papa bist, Ben!" Luisa ist erleichtert. Zusammen sortieren die beiden Kinder die Tiere wieder zurück. Ben bringt den protestierenden Elias in die Kammer. Luisa hat Möhren und Heu geholt. Einen Arm voll für Anton und Rona und einen besonders großen Berg für Elias, damit er nicht wieder im Stall spazieren gehen muss, erklärt sie ihm. Zur Sicherheit schiebt Ben noch eine Kiste vor die Kammertür. „So kommt er da erst wieder raus, wenn wir ihn holen, um die Belohnung zu kriegen!", sagt Ben.

„Belohnung? Wer kriegt eine Belohnung", hören Ben und Luisa da Papas Stimme. „Guten Morgen ihr zwei! Füttert ihr heute? Das ist lieb, dafür kriegt ihr natürlich eine Belohnung. Wir spannen heute Nachmittag Sternchen und Wolke vor den Schlitten und machen einen Ausflug."

10. Eine Schlittenfahrt mit Hindernissen

„Jetzt muss ich nur noch die Geschirre für den Schlitten finden", murmelt der Vater dann am Nachmittag. „Die sind bestimmt in der kleinen Kammer hinten im Stall."

Ben lässt die Arme sinken und ruft hektisch: „Ich geh schon, Papa! Warte!" Ben rennt aus der Scheune und lässt seinen Vater stehen.

„Was ist denn in Ben gefahren? Sonst muss man ihn immer fünfmal bitten", überlegt der.

Anna und Luisa stehen im Stallgang und striegeln die Ponys Sternchen und Wolke, als Ben an ihnen vorüberstürmt.

„Lasst mich durch!", ruft Ben. „Ich muss in die Kammer!" Er zieht die Kiste zur Seite und macht die Tür auf. Leise schnaubend kommt Elias ihm einen Schritt entgegen und reibt seinen Nüstern an Bens Jacke. Ben drängelt sich an ihm vorbei und zerrt die Ponygeschirre vom Regal.

„Elias will nicht in der Kammer sein", sagt Luisa. Sie gibt Elias eine Möhre aus dem Sack und umarmt ihn. „Du mein lieber, kleiner Esel! Bald kommst du raus aus der ollen Kammer. Ich wünsche mir zu Weihnachten, dass du für immer bei uns bleiben darfst. Papa mag dich ganz bestimmt und Mama auch!"

„Genau, bald holen wir dich hier raus, aber dann bringen wir dich zum Bäcker und kriegen eine Belohnung." Ben lacht.

Luisa stemmt die Hände in die Hüften, dann wird sie ganz streng: „Elias ist unser Freund und einen Freund verrät man nicht, damit man eine Belohnung bekommt!"

Draußen auf dem Hof quietscht es. Der Vater zieht den Schlitten aus der Scheune. „Ben, wo bleiben die Geschirre? Luisa und Anna, bringt schon mal die Ponys raus!"

Ben schiebt eilig Elias zu Rona und Anton in die Box und zerrt die Ponygeschirre nach draußen.

„Es kann losgehen!" Die Ponys sind angeschirrt und die Kinder haben es sich in den Sitzen gemütlich gemacht. Sie sind in Decken gewickelt und haben Wärmflaschen an den Füßen. Papa sitzt mit Mama auf dem Kutschbock. Knirschend rutscht der Schlitten über den Schnee durch das Tor. Vor den Ponynüstern steigen kleine Atemwolken auf.

Als sie in den Wald abbiegen, dreht sich Mama zu den Kindern um: „Wir brauchen für unser Weihnachtsfest in der Scheune noch einen Weihnachtsbaum. Geht ihr morgen mit Papa einen aussuchen? Es muss dieses Jahr ein ganz besonders schöner sein. Wisst ihr noch, im letzten Jahr? Da hat Papa ganz alleine einen Baum gekauft und der war krumm und schief."

Ben und Luisa erinnern sich noch genau, wie dieser komische Baum ausgesehen hat. Er hatte zwei Spitzen obendrauf, aber unten war er ziemlich leer und krumm und schief. Erst lacht Luisa ganz leise, dann fängt Ben an. Jetzt müssen Anna und Tim kichern, Mama auch. Und dann, ja dann lacht sogar Papa ein bisschen.

„Abgemacht!", sagt Papa. „Wir gehen zusammen einen Baum kaufen."

11. Ein Geheimnis wird gelüftet

Als sie vom Schlittenausflug zurückkommen, sitzt Fräulein Gröben auf der Bank vor dem Haus.

„Oh nein! Jetzt habe ich Elisabeth ganz vergessen!" Die Mutter seufzt. „Sie wollte heute zum Weihnachtskaffee kommen." Die Mutter springt vom Schlitten und läuft eilig zum Haus.

„Das macht doch nichts! Ich bin noch gar nicht so lange hier und habe mir die Zeit im Stall bei den Eseln vertrieben", erzählt Fräulein Gröben.

Mama guckt verwirrt. „Bei DEN Eseln? Wir haben doch nur die Rona."

Ben unterbricht sie: „Ja, der Anton sieht in letzter Zeit auch ganz schön eselig aus für ein Pony. Irgendwie sind seine Ohren so lang geworden."

Fräulein Gröben zwinkert Ben zu.

„Elisabeth, komm mit ins Haus. Ich zünde den Kamin an und mache dir einen warmen Kakao. Oder willst du lieber einen Tee?" Zusammen mit Mama verschwindet Fräulein Gröben im Haus. Der Vater schiebt den Schlitten vor die Scheune. Die Kinder kümmern sich um die Ponys. Als Papa in die Scheune gegangen ist, sagt Ben: „Oh nein! Fräulein Gröben weiß alles! Sie hat Elias gesehen! Wenn sie uns jetzt verrät …"

Die Kinder überlegen, was sie nun tun können. „Wir müssen Elias woanders verstecken", schlägt Anna vor. Luisa schüttelt den Kopf. „Sie hat doch nett geguckt und gezwinkert hat sie auch. Fräulein Gröben verrät uns bestimmt nicht, aber erstmal muss Elias wieder ins Versteck!"

Die Jungen ziehen den widerwilligen Elias aus der Box. Elias ruft

„I-ah!", aber es hilft nichts. Tim
und Ben bringen ihn in die Kammer und schließen die Tür.
Da sind plötzlich Schritte zu hören, Fräulein Gröben ist zu den Kindern in den Stall gekommen. „Ihr versteckt den geheimnisvollen Dieb, oder?"
Sie lächelt die Kinder an. „Ich hatte mir
schon gedacht, dass es ein Esel sein
muss. Als ich in eurem Alter
war, hatte ich auch einen
Esel. Max hieß der. Max
war ein lieber Kerl, aber er hatte es auch faustdick hinter den Ohren.
Ich weiß nicht, wie oft ich ihn suchen musste, weil er
mal wieder einen kleinen Ausflug gemacht hat." Fräulein Gröben
seufzt.
„Er heißt Elias", sagt Luisa zögerlich. „Er war ganz alleine
am Weiher und hatte nichts zu essen. Wir mussten ihn einfach
mitnehmen!"
Ben und Tim stellen sich vor die Kammer. „Unseren Elias nimmt
keiner mit!", erklärt Ben und verschränkt seine Arme. „Genau!",
ergänzt Tim.
Fräulein Gröben lacht. „Das will ich doch gar nicht. Aber vielleicht
hat euer Elias schon ein Zuhause. Bestimmt hat er einen kleinen
Ausflug gemacht und jemand sucht ihn jetzt und ist ganz furchtbar
traurig."
Ben kratzt sich am Kopf. „Daran haben wir noch gar nicht gedacht", sagt er kleinlaut.
„Überlegt es euch", lächelt Fräulein Gröben. „Ich helfe euch gern."

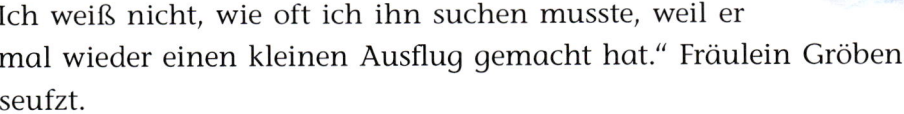

12. Ein ganz besonderer Baum!

Mit dem großen Schlitten gehen sie los. Ben und Luisa wollen heute mit Papa den Weihnachtsbaum aussuchen. Finchen darf auch dabei sein. Damit sie mit ihren kurzen Beinchen nicht so rennen muss, hat Luisa für sie eine Decke mitgenommen und sie darin eingewickelt auf den Schlitten gesetzt. Ben zieht den Schlitten über den knirschenden Schnee. Die Sonne scheint. „Der beste Tag, um den besten Weihnachtsbaum zu finden", sagt Luisa zufrieden.

„Genau, wir suchen jetzt im Wald den besten und schönsten Weihnachtsbaum von allen", sagt Ben. „Und den größten", ergänzt Luisa.

„So lange der Baum in die Scheune passt." Papa lacht. „Und denkt dran, wir müssen ihn gleich den ganzen Weg auf dem Schlitten ziehen."

Im Wald können sich Luisa und Ben kaum entscheiden. Immer sehen sie einen Baum, der noch schöner ist. Und dann stehen die drei plötzlich vor dem perfekten Baum. Nicht zu klein und nicht zu groß, nicht krumm und nicht schief ist er, eben genau richtig!

„Den nehmen wir!" Papa ist begeistert, Luisa nickt heftig mit dem Kopf und Ben holt schon mal die Säge vom Schlitten.

Mit vereinten Kräften ziehen und schieben die drei dann den Schlitten mit dem Baum aus dem Wald. Bald haben sie es geschafft!

Sie stellen den Baum in eine Ecke der Scheune. Der Vater reibt sich die Hände. „So einen wunderschönen Baum hatten wir noch nie! Wir müssen ihn gleich Mama zeigen! Aber vorher füttern wir erstmal die Ponys", sagt Papa. Zusammen mit Luisa und Ben geht er in den Stall und sie verteilen Heu in die Raufen.

Als es ruhig geworden ist im Stall, spitzt Elias in seiner Kammer die Ohren. Er hat Hunger und will auch etwas fressen. Vorsichtig lehnt er sich gegen die Tür. Sie gibt ein bisschen nach. Elias drückt noch fester. Er lehnt sein ganzes Gewicht dagegen. Und da! Plötzlich springt die Tür auf. Elias trabt die Stallgasse entlang, an den Boxen der Ponys vorbei bis zum Stalltor. Und das steht offen!

Vorsichtig streckt Elias seinen Kopf durch das Tor. Niemand ist zu sehen. Also nichts wie raus! Elias schaut weiter und entdeckt noch ein offenes Tor. Die Scheune. Neugierig trabt er näher. Mmh, hier riecht es gut. Elias geht ein paar Schritte hinein. Er schnuppert. Da! Das duftet so gut. Ein großer grüner Baum steht an die Wand gelehnt. Elias zupft vorsichtig an einem Zweig und reißt ihn ab. Als er am nächsten Zweig zieht, kommt der Baum ins Rutschen und fällt um. Jetzt kommt Elias viel besser an die Zweige heran. Er zupft hier und da und dort noch ein Zweiglein ab. Als er satt ist, trabt er aus der Scheune über den Hof und verschwindet hinter den Büschen.

13. Der geheimnisvolle Baumfresser

„Mama, komm!" Luisa zieht ihre Mutter an der Hand über den Hof am Schneemann vorbei in die Scheune. „Da ist er!", zeigt Luisa auf die Ecke, in der der Baum gestanden hat.

Die Mutter schaut sich den zerlöcherten Baum auf dem Boden an und runzelt die Stirn. „Aber da sind ja überall Löcher im Baum! Sind die für extragroße Kugeln?", Mama lacht.

Papa ist gar nicht zum Lachen zu Mute, und auch Ben und Luisa wundern sich, was mit dem Baum passiert ist. Da entdeckt Luisa auf dem Boden Abdrücke von Hufen. Sie stupst Ben an und zeigt auf die Spuren. War das etwa … Ja, war das etwa Elias?

Papa guckt sich den Baum genauer an und läuft um ihn herum. Dabei kratzt er sich am Kopf. „Wer hat unseren schönen Baum nur zerstört?" Dann entdeckt auch er die Spuren. „Da! Der Baumfresser war ein Pony … oder … oder ein Esel! Oh nein, wer von euch hat denn eine der Boxen aufgelassen?"

Ben und Luisa schauen einander an. Jetzt wird Papa Elias entdecken. Ganz bestimmt!

Mit rotem Kopf und festen Schritten geht Papa in den Stall hinüber. Nach einer Minute steht er wieder neben Mama, Luisa und Ben. „Die Boxen sind alle zu. Das war keines unserer Ponys und Rona kann es auch nicht gewesen sein. Ein fremdes Pony ist hier und treibt sein Unwesen. Moment mal!" Papa kratzt sich am Kopf. „Habt ihr nicht von lauten Rufen im Dorf erzählt? Und sind nicht auch Dinge verschwunden und kaputtgegangen?"

Luisa zuckt mit den Schultern und Ben schaut ganz interessiert auf die riesigen Löcher im Tannenbaum.

„Ja, beim Bäcker haben sie es erzählt. Bei Sonnenscheins ist das

Vogelhaus abgebrochen worden", überlegt Mama. „Aber ein Pony schreit doch nicht. Du meinst, der Übeltäter ist ein Esel?"

„Ob Esel oder Pony, wir müssen das Tier finden, das in Herzbruch sein Unwesen treibt und jetzt auch noch unseren Baum kaputtgemacht hat!", ruft Papa. „Los, wir suchen das Gelände ab!"

Der Vater stapft rund um die Scheune durch den hohen Schnee. „Na kommt schon!"

Die Mutter seufzt und läuft in die andere Richtung um die Scheune. „Na, gut."

Ben ist ratlos. „Was machen wir denn jetzt? Wenn Papa ihn findet?"

Luisa schimpft: „Oh Mann, Elias. Bist du schon wieder ausgebrochen?"

Luisa und Ben gucken nach. Tatsächlich steht die Tür zur Kammer weit auf und von Elias ist nicht mal eine Schwanzspitze zu sehen.

„Er ist halt doch ein wilder Esel!", sagt da plötzlich jemand.

„Tim! Anna!", ruft Ben. „Gut, dass ihr da seid.

Elias ist weggelaufen und hat Riesenlöcher in unseren schönen großen Tannenbaum gefressen.

„Papa ist so sauer deswegen! Er sucht ihn jetzt überall", ergänzt Luisa.

Tim sagt: „Na, dann finden wir ihn am besten, bevor euer Vater ihn entdeckt."

14. Wilde Eseljagd

Als die Kinder um die Scheune laufen, hören sie schon, wie der Vater schreit.

„Oh nein, er hat ihn gefunden. Der arme Elias! Papa ist doch so sauer!", Luisa ist den Tränen nah.

Auf der großen Wiese hinter dem Stall, auf der die Ponys und Rona im Sommer immer grasen, steht Papa, breitbeinig und mit weit ausgestreckten Armen. Ihm gegenüber hinter einem kahlen Busch ist Elias. Er kaut gerade noch an einem Zweig, den er abgerissen hat. Elias wackelt ein bisschen mit den Ohren und schaut neugierig. Vorsichtig geht Papa immer weiter auf ihn zu. Als er ihn fast berühren kann, macht Elias einen großen Sprung zur Seite. Papa lacht. „Na, du bist ja ein frecher Esel. Das gefällt mir, aber ich mag es nicht, dass du in MEINEN schönen Weihnachtsbaum so große Löcher frisst."

Luisa hat sich auf einen Heuballen gestellt und wippt nervös mit ihren Füßen. Elias scheint das Spiel mit Papa zu gefallen und er macht noch einen Satz nach links. „I-ah!", ruft er. Der Vater geht mit einem großen Schritt hinter Elias her, sodass der sich beeilen muss, beiseite zu springen, um nicht erwischt zu werden.

Jetzt hilft auch Mama mit, Elias zu fangen. „Das kann doch nicht so schwer sein", hat sie gesagt. Mit dem Vater zusammen treibt sie Elias an den Zaun neben der Scheune. Und schwups legt Papa seine Arme um Elias' Hals. „Na, da haben wir dich ja!" Er krault Elias an seiner Lieblingsstelle – genau zwischen den langen Ohren. Elias lässt genüsslich die Ohren hängen und schließt die Augen. Mama steht daneben und ist noch ganz aus der Puste. „Siehst du? So fängt man einen Esel!", strahlt sie.

Schüchtern gehen die Kinder näher heran. Von allen unbemerkt ist auch Fräulein Gröben dazugekommen. Sie klatscht in die Hände. „Ihr seid ja prima Eselfänger, ihr beiden! Er passt gut zu euch, der Kleine." Fräulein Gröben zwinkert Luisa zu.

„Wir bringen dich jetzt erstmal in den Stall", sagt Papa zu Elias. „Und dann überlegen wir weiter."

Wie eine kleine Karawane ziehen sie zurück auf den Hof. Vorne geht Papa mit Elias, ihm folgt Mama mit Fräulein Gröben und dahinter gehen vier Kinder mit hängenden Köpfen.

Im Stall schaut Papa sich um. „Hm, alle Boxen sind besetzt. Was machen wir denn mit dir, damit du keinen Unsinn mehr machst, hm?"

Mama schlägt vor, Elias in die kleine Kammer hinten im Stall zu bringen. Noch bevor die Kinder ein Wort sagen können, hat der Vater Elias in die Kammer geschoben.

„I-ah!", ruft Elias und sträubt sich.

„Hier hat wohl schon jemand gewohnt?" Papa hat die Heu und Möhrenreste in Elias' Geheimversteck entdeckt. Er schaut erst seine beiden Kinder und dann Tim und Anna an, kratzt sich am Kopf.

„Wollt ihr mir etwas sagen, Kinder?"

15. Wohin gehört Elias?

In der Kammer ruht sich Elias von der Aufregung aus, knabbert am Heu und trinkt Wasser aus einem Eimer. In der Stallgasse schauen die Eltern die vier Kinder ernst an. Sie stehen mit gesenkten Köpfen vor ihnen.

„Wo kommt denn der Esel her? Und wie lange wohnt er schon bei uns in der Kammer?", fragt Papa streng.

„Wir haben ihn gefunden", sagt Ben leise.

„… er musste doch gerettet werden. Er war ganz alleine am Weiher und hatte Hunger und es war so kalt", schnieft Luisa.

„Was habt ihr euch denn dabei gedacht, ihn einfach heimlich zu verstecken?" Mama lässt ratlos die Schultern hängen. „Ihr hättet doch mit uns reden können!"

„Nun lasst die Kinder doch mal", schaltet sich Fräulein Gröben ein. „Sie haben jemandem geholfen, der Hilfe brauchte. Und das ist toll! Jetzt müssen wir erstmal herausfinden, wem Elias gehört! Bestimmt wird er vermisst und jemand ist furchtbar traurig."

„Oder wir bringen ihn zum Bäcker und bekommen die Belohnung", fällt Ben ein.

Anna piekst ihn in die Seite. „Du bist doch doof! Wir suchen Elias' richtiges Zuhause."

„Ja, du hast recht, Elisabeth!", sagt Mama. „Irgendwoher muss der Esel ja schließlich gekommen sein, bevor er in Herzbruch randaliert hat."

Alle überlegen, was sie unternehmen können, um herauszufinden, wie der kleine Esel nach Herzbruch gekommen ist.

„Wir können Zettel aufhängen mit einem Bild von Elias darauf!"

„Ich frage in den anderen Dörfern."

„Wir sprechen mit den Bauern. Vielleicht hat jemand den Esel schon einmal gesehen!"

Da nutzt Elias die Gelegenheit, vorsichtig aus der Kammer zu gehen. Schritt für Schritt läuft er vorwärts. Bald hat er sich bis zur ersten Box vorgetastet. Er streckt seinen Kopf weit über die Boxentür und schnuppert.

Rona? Elias legt seinen Kopf auf Ronas Hals. Vorsichtig knabbert er an dem Fell auf ihrem Rücken und an ihrer Mähne. Rona schnaubt und lässt ihre Ohren nach links und rechts hängen. Dann legt sie auch ihren Kopf auf Elias' Rücken.

„Oh guckt mal, wie süß!" Luisa hat die beiden Esel als Erste entdeckt.

Mama lacht „Die mögen sich!"

Luisa schaut ihren Vater an. „Papa, komm, können wir die beiden nicht zusammenlassen?" Papa seufzt, Mama lacht.

„Da habt ihr wohl keine Wahl", sagt Fräulein Gröben.

16. Auf der Suche

Während Elias und Rona es sich im Stall mit einem großen Berg Heu gemütlich machen, bricht auf dem Hof fröhliches Treiben aus. Der Vater macht sich auf den Weg zu den Bauern. Er will fragen, ob sie wissen, wer einen Esel vermisst.

Die Kinder gehen zusammen mit Mama und Fräulein Gröben ins Haus. Sie holen Papier und Stifte aus dem Schrank, um Plakate zu malen, die sie im Dorf aufhängen wollen. Finchen läuft unruhig durch die Zimmer. Sie merkt, dass etwas passiert, und will dabei sein.

„Elias hat ein rotes Halstuch. Wir malen einen Esel mit rotem Halstuch auf die Plakate und dann weiß sein Besitzer direkt, dass wir ihn gefunden haben!", fällt Luisa ein.

Und Tim weiß auch was: „Au ja, wir schreiben aber nicht drauf, wie Elias heißt. Wenn sich dann jemand meldet und den Namen kennt, dann wissen wir ganz sicher, dass es der richtige Besitzer ist! So wollen sie es machen. Die Kinder malen den Esel auf die Plakate, und Mama und Fräulein Gröben schreiben abwechselnd den Text dazu. Luisa und Anna verschönern die Plakate noch mit Glitzer. Bald haben sie einen kleinen Stapel fertig.

„Los geht's!", ruft Mama und zieht ihre Jacke an. „Finchen, du bleibst hier!"

Zusammen laufen sie durch das das Dorf und hängen in den Geschäften ihre Plakate aus, und auch an die Laternen kleben sie welche.

Vor der Bäckerei treffen sie Papa. Keiner der Bauern weiß, wer einen Esel vermisst, aber alle können sich gut an die geheimnisvollen Schreie der letzten Tage erinnern.

Bald sind alle Plakate aufgehängt. Ob sie wirklich den Besitzer von Elias finden können? Langsam werden sie mutlos.

Nur Luisa ist fast ein bisschen fröhlich. „Du, Mama? Wenn wir den Besitzer nicht finden, kann dann Elias nicht bei uns bleiben? Ich wünsche mir auch nichts anderes zu Weihnachten. Bitte, bitte, bitte!" Die Mutter seufzt und zieht die Schultern hoch. „Warte doch erstmal ab, Luisa."

Sie sind ganz durchgefroren, als sie zurückkehren auf den Hof. „Wer möchte heißen Kakao und Weihnachtskekse?", ruft der Vater und läuft ins Haus.

In der warmen Küche machen sie es sich gemütlich. Mama zündet die Kerzen am Adventskranz an und Papa kocht Kakao. Finchen ist außer sich, dass ihre Menschen wieder da sind und hüpft durch die Küche. Die Kinder setzen sich auf die Bank direkt am Ofen, Luisa nimmt Finchen in den Arm. Es duftet nach Kerzen, Zimtsternen und Ka- kao. Draußen wird es dämmerig und es beginnt wieder zu schneien. Sanft fallen die Flocken am Fenster vorüber. Es ist ganz still geworden. Da klopft es an der Tür!

Mama kommt mit einem jungen Mann mit dunklen Haaren und dunklen Augen in die Küche zu- rück. Er hält eines der Elias-Pla- kate in Händen.

„Hallo, ich bin Damir!", sagt er.

„Ihr habt Elias gefunden?"

17. Wiedersehensfreude

Der Fremde kennt Elias' Namen, er ist sein Besitzer! Papa bringt Damir warmen Kakao, damit er sich aufwärmen kann und einen Teller mit Zimtsternen. Anna und Luisa machen für ihn Platz am Ofen.

Nach ein paar Minuten beginnt Damir zu erzählen, wie Elias ein paar Tage zuvor einfach weggelaufen ist. „Elias ist ein richtiger Abenteueresel!", erzählt Damir. „Ihm fällt immer etwas Neues ein." Papa lacht. „Das haben wir schon gemerkt. Er hat auch bei uns in Herzbruch einiges angestellt. Die Kinder haben ihn dann gefunden und heimlich bei uns versteckt. Dann hat er ausgerechnet in unseren Weihnachtsbaum riesige Löcher gefressen!" Er zwinkert den Kindern zu.

„Das klingt genau nach Elias!", sagt Damir. „Jetzt würde ich den kleinen Abenteurer gerne sehen. Bringt ihr mich zu ihm?", fragt er die Kinder.

Ben nickt und zieht den Fremden an der Hand hinter sich her in den Stall. Anna und Luisa rennen vor und ziehen die schwere Stalltür auf.

Sie werden von leisen Kaugeräuschen und sanftem Schnauben empfangen. Das Pony Wolke wiehert, als es die Kinder erkennt.

Weiter hinten streckt sich ein dunkler Kopf mit langen Ohren weit über die Boxentür, als Damir leise „Elias?" ruft.

„I-ah!", antwortet Elias. Erst leise und dann immer lauter „I-ah!". Elias drängt sich gegen die Boxentür. Er drückt mit seinem ganzen Gewicht dagegen. Das Holz knackt, aber die Tür bleibt verschlossen. Elias geht ein paar Schritte zurück, um Anlauf zu nehmen, doch da steht Damir schon neben ihm. „Na, du kleiner Ausreißer?

Mach die Tür nicht auch noch kaputt", flüstert er leise und krault Elias zwischen den Ohren, da wo Elias es ganz besonders mag. Elias schnaubt leise und reibt sein Maul an Damirs Schulter. Damir schiebt die Boxentür auf und entdeckt Rona. „Hallo, du Hübsche. Bist Du Elias' neue Freundin?" Er streichelt ihren Hals.
„Das ist Rona!", Luisa hat sich neben Damir in die Box geschoben. „Die beiden sind jetzt Freunde!"
Dann wird Luisa ganz leise. „Nimmst du ihn jetzt wieder mit, den Elias?", fragt sie. „Rona mag ihn so sehr – und ich auch."
„Genau, kann er nicht hierbleiben? Bei uns?", ruft Ben.
„Du kannst auch bei uns wohnen!", sagt Luisa.

18. Dürfen Elias und Damir bleiben?

„Können Elias und Damir nicht bei uns bleiben?", ruft Luisa, als sie zurück in die Küche poltern. „Ja, sie sollen hierbleiben!", ergänzt Ben.

Die Eltern lachen. „Ihr habt ja verrückte Ideen", sagt Papa.

„Aber ein Esel mehr oder weniger im Stall fällt doch gar nicht auf", meint Fräulein Gröben und zwinkert den Kindern zu. „Und vielleicht kann euch Damir auf dem Hof helfen. Ihr sucht doch schon lange jemanden, der euch unterstützt."

Papa kratzt sich am Kopf. „Hmm!", sagt er und dann erstmal nichts.

„Hmm!", sagt jetzt auch Mama, und dann: „Fragen wir Damir lieber selbst, was er dazu sagt! Ihr habt vielleicht schon ein schönes Zuhause, oder, Damir?"

Damir sitzt auf der Ofenbank und kaut auf einem Zimtstern. „Also", sagt er leise und legt seine Arme um die Knie. „Elias und ich suchen tatsächlich eine Arbeit und einen Platz zum Wohnen. Es wäre toll, wenn wir hier wohnen können und ich bei euch arbeiten kann. Und wie ich Elias kenne, wäre es für ihn das allerschönste Weihnachtsgeschenk, wenn er bei Rona bleiben darf!"

Luisa zwinkert Fräulein Gröben verschwörerisch zu. „Au ja, ein Weihnachtsgeschenk für Elias!", ruft sie.

„Und ein Weihnachtswunsch von Luisa würde auch in Erfüllung gehen!", ergänzt Fräulein Gröben.

Papa seufzt. „Was soll ich da noch sagen? Hilfe auf dem Hof können wir tatsächlich gut gebrauchen. Ich würde mich freuen, wenn du bei uns bleibst, Damir. Aber das mit dem Löchern in den Bäumen und den abgebrochenen Vogelhäusern, das muss aufhören!"

Damir sagt nichts und lächelt, er schaut Mama fragend an.

„Ich bin auch einverstanden!", sagt sie. „Dann hat unsere Rona endlich einen Freund."

„Also abgemacht, Elias und Damir bleiben hier!", ruft Fräulein Gröben und strahlt. „Habt ihr nicht noch dieses Zimmer auf dem Dachboden? Damir könnte doch dort einziehen?"

Aber die Eltern hören schon gar nicht mehr zu. Sie überlegen mit Damir zusammen, wie sie den Stall für Elias umbauen können. Und die Kinder laufen nach draußen, schließlich muss Elias die gute Nachricht auch noch erfahren.

19. Es gibt viel zu tun

In den nächsten Tagen ist viel los auf dem Hof. Tim und Anna kommen, um zu helfen und auch Fräulein Gröben ist da. Zuerst muss eine Unterkunft für Elias her. Er soll zusammen mit Rona eine größere Box bekommen. Damir und Papa sägen und hämmern so lange, bis sie fast den ganzen Stall umgebaut haben. Jetzt ist genug Platz für alle!

Es hat sich mittlerweile im Dorf herumgesprochen, dass es Neuigkeiten gibt. Jeden Tag kommen neugierige Dorfbewohner vorbei. Auch Frau Sonnenschein ist dabei. „Ich will doch wissen, wer diesen Überfall auf mein Vogelhaus begangen hat", schmunzelt sie, als sie vor Elias steht. „Der sieht ja eigentlich ganz harmlos aus, dieser Esel."

Da haben Ben und Tim eine Idee: Sie wollen für Frau Sonnenschein und ihren Mann ein neues Vogelhaus bauen. Es soll noch viel schöner werden als das alte.

„Aber wie sollen wir das alleine machen? Das schaffen wir doch nie!", sagt Tim mutlos.

„Vielleicht fragen wir Damir, ob er uns helfen kann. Der kann doch so toll bauen!"

Natürlich hilft Damir den Kindern, ein richtiges Vogelhaus zu zimmern. Das neue Vogelhaus malen Luisa und Anna noch dunkelrot an, die Kanten machen sie weiß.

„In Schweden gibt es Häuser, die so aussehen. Schön sind die!", weiß Damir. Er ist schon in viele Länder gereist und kann spannende Geschichten darüber erzählen.

„Gibt es in Schweden auch Esel?", fragt Anna.

Damir lacht. „Klar, in Schweden gibt es auch Esel, aber es gibt dort vor allem viele Elche. Das sind riesengroße Tiere mit gewaltigen Geweihen", erzählt er.

Bald ist das Vogelhaus fertig angemalt und getrocknet. Die Kinder wollen das Geschenk sofort zu Frau Sonnenschein und ihrem Mann bringen. „Damit sie auf Elias nicht mehr böse sind und zu unserer Weihnachtsfeier kommen", erklärt Ben seiner Mutter.

Die Kinder laufen hintereinander durch den Vorgarten von Sonnenscheins, am abgebrochenen Vogelhaus vorbei.

„Das neue ist viel schöner!", flüstert Tim.

„Na klar!", flüstert Ben zurück. „Wir haben es ja auch gemacht."

Luisa drückt auf die Klingel. Als Frau Sonnenschein die Tür öffnet, sieht sie zuerst das wunderschöne rote Vogelhäuschen und dann entdeckt sie die Kinder.

„Ja, was ist denn das?", strahlt sie.

„Ein neues Vogelhaus für Sie, weil Elias ja Ihr Vogelhaus kaputt gemacht hat", sagt Ben stolz.

„Vielleicht mögen Sie Elias jetzt ein bisschen mehr!", ergänzt Anna schüchtern. „Der ist nämlich eigentlich ganz lieb."

Frau Sonnenschein lacht und dann ruft sie ins Haus hinein. „Herr Sonnenschein, guck mal, was wir für ein Glück haben! Wir haben ein wunderschönes Vogelhaus geschenkt bekommen!"

20. Noch ein Problem muss gelöst werden

„Jetzt müssen wir uns nur noch was für die großen Löcher im Weihnachtsbaum überlegen", stellt Damir fest.

„Und dann kann es endlich Weihnachten werden!", ergänzt Luisa. Die Kinder denken nach. Ben kratzt sich am Kopf. „Hmm, mir fällt nichts ein. Brauchen wir denn überhaupt einen Weihnachtsbaum?"

„Na klar", ruft Luisa empört.

„Wir können Zweige von einem anderen Weihnachtsbaum abschneiden und in den Löchern vom Baum festkleben", sagt Tim.

Anna ruft: „Und wenn wir ihn in die Ecke stellen und so drehen, dass man die Löcher nicht sieht?"

Und Ben fällt auch noch etwas ein: „Wir schneiden das Löcherige vom Baum einfach ab!"

„Aber dann ist ja nur noch ein Mini-Baum übrig, das geht auch nicht", unterbricht Luisa ihn.

Damir bleibt stehen. „Ich hab's", ruft er. „Ich weiß, woher wir einen tollen Baum für euer Weihnachtsfest bekommen!"

„Für UNSER Fest", verbessert Ben. „Du gehörst doch jetzt dazu und feierst mit uns!"

Damir lacht: „Ein Grund mehr, dass wir einen richtigen Weihnachtsbaum haben, ganz ohne Löcher!"

Die vier Kinder schauen einander fragend an. Was meint Damir nur? Woher will er denn jetzt einen neuen Weihnachtsbaum bekommen?

Aber Damir zwinkert ihnen nur zu und sagt geheimnisvoll: „Wartet es ab!"

Zurück auf dem Hof geht Damir in den Stall und holt Rona und Elias aus ihrer Box.

„I-ah!", ruft Elias. Endlich geht's nach draußen. Er ist ganz aufgeregt. Elias und Rona bekommen ein Halfter über den Kopf gezogen und Damir führt sie aus dem Stall.

„Soll Elias den Baum wieder reparieren?", lacht Anna.

Elias hebt seinen Kopf in die Höhe und riecht die kalte und frische Schneeluft. Er reißt sich los. „I-ah!", ruft er und tobt wie verrückt durch den Schnee. „I-ah!" Elias steckt sein Maul in den Schnee und prustet. Dann wackelt er wie wild mit seinen Ohren. Er steht breitbeinig im Schnee. Nicht nur Rona schaut ihn verwundert an, auch die Kinder sind ganz überrascht, und die Nachbarskatze bekommt einen solchen Schreck, dass sie davonrennt. Damir lacht und schüttelt den Kopf. „Das ist typisch Elias!"

Noch mal holt Elias tief Luft und ruft ein lautes „I-ah!" Dann lässt er sich mit einem Plumps in den Schnee fallen und wälzt sich genüsslich auf dem Rücken. Jetzt wird auch Rona übermutig, schnaubt, zerrt am Halfter und ruft „I-ah!"

„So, jetzt ist aber Schluss!", ruft Damir. „Komm Elias, du musst uns helfen mit dem Weihnachtsbaum!" Brav lässt sich Elias wieder einfangen und bleibt neben Rona stehen.

„Los, kommt!", ruft Damir jetzt auch den Kindern zu, legt beiden Eseln ein Geschirr auf den Rücken, nimmt ein großes Seil in die Hand und geht voraus durch das Hoftor.

21. Wir holen einen neuen Weihnachtsbaum

Damir läuft den verschneiten Weg entlang. Hinter ihm trottet Elias und dahinter gehen Anna und Luisa mit Rona, ganz hinten trödeln Tim und Ben.

„Guck mal, Anna, da läuft eine Maus durch den Schnee. Meinst du, die friert hier draußen?", fragt Luisa.

„Nein, die Maus friert nicht! Los, schneller, bummelt nicht so!", unterbricht Damir die beiden. „Wir wollen zurück sein, bevor es dunkel ist."

„Wohin gehen wir?", flüstert Anna Luisa zu. Doch die zuckt nur mit den Schultern. Ben rennt ein Stück, bis er neben seiner Schwester läuft.

„Ich glaube, wir gehen zu Bauer Höttges!", zischt er. Kann das sein? Will Damir mit ihnen wirklich zu Bauer Höttges? Und warum sind die beiden Esel dabei?

Und tatsächlich. Bald steht die kleine Karawane vor dem Bauernhof von Bauer Höttges.

„Ben, hältst du mal Elias fest?", fragt Damir. „Aber pass gut auf, dass er sich nicht wieder losreißt!"

Damir klopft an die Tür. Als Bauer Höttges aus dem Haus kommt, reden die beiden leise. Dann geht der Bauer in seinen Schuppen und kommt mit einer großen Säge wieder heraus.

„Da!", sagt Luisa leise. „Wir sägen bestimmt einen neuen Baum um!"

Und tatsächlich: Die Karawane zieht in das Wäldchen von Bauer Höttges. Auf einer Lichtung bindet Damir die beiden Esel an.

„So, und jetzt sucht euch mal einen Weihnachtsbaum aus", strahlt der Bauer. „Ihr müsst euch nur einig sein!"

Sofort verschwinden die Kinder zwischen den Bäumen. „Hier! Ich hab ihn!", ruft Ben.

„Nein ich!", brüllt Tim von einer ganz anderen Seite der Lichtung.

„Aber Ben, der ist doch krumm da oben!", sagt Luisa. „Guck mal, der hier!"

Anna schüttelt mit dem Kopf: „Der ist doch viel zu klein."

Und so geht es eine ganze Zeit hin und her, bis Damir ganz laut ruft: „So, jetzt entscheidet euch, sonst mach ich das!"

Dann geht es plötzlich ganz schnell und die vier Kinder haben sich auf eine wunderbare große Tanne geeinigt. Gar nicht krumm und gar nicht schief, aber vier Spitzen hat sie. „Für jedes von uns Kindern eine!", ruft Anna.

Jetzt kommen Bauer Höttges und Damir mit der großen Säge. Jeder fasst ein Ende und zusammen sägen sie ritsche-ratsche den Baum ab.

„Achtung, der Baum fällt!", ruft der Bauer. Und schon kracht die Tanne in den Schnee. Damir bindet das dicke Seil am Stumpf der Tanne fest und zieht sie auf den Weg.

Jetzt holt er Elias und Rona, stellt sie nebeneinander auf den Weg und bindet den Baum mit dem Seil an ihren Geschirren fest. Und los geht es, zurück durch den Wald. Vorne läuft Damir mit den Eseln. Links neben dem Baum laufen Luisa und Ben und auf der rechten Seite Anna und Tim. Ganz hinten geht Bauer Höttges mit seiner großen Säge. Bei seinem Bauernhof bleibt er zurück. „Dankeschön für den tollen Baum!", ruft Damir ihm zu und der Bauer winkt zurück.

22. So ein schöner Baum!

Als sie mit dem Weihnachtsbaum zurück auf den Hof kommen, bringen sie zuerst Rona und Elias in den Stall und dann die Tanne in Sicherheit.

„Diesmal wollen wir nämlich keine Löcher im Baum", sagt Ben.

„Mama! Papa! Kommt mal gucken!" Luisa klingelt an der Tür.

Zusammen ziehen sie den schweren Baum in die Scheune und stellen ihn in die Ecke.

Die Eltern treten einen Schritt zurück, fassen sich an den Händen und strahlen. „So ein schöner Baum!", seufzt die Mutter.

„Na hoffentlich bleibt er auch so und kriegt nicht über Nacht noch ein paar Löcher", scherzt der Vater.

„Dafür habe ich mir etwas überlegt", sagt Damir. „Wir nehmen den alten, löchrigen Weihnachtsbaum, schneiden ihn in Stücke und geben ihn den Eseln und den Ponys als ganz besonderes Weihnachtsessen!"

„Wie praktisch!" Papa ist beeindruckt. „Wir sind den Baum los und die Tiere werden auch zufrieden sein. Eine gute Idee, Damir!"

Mama reibt sich die Hände und läuft aus der Scheune. Im Tor dreht sie sich um und ruft: „Ich geh jetzt auf den Dachboden und suche die Kisten mit dem Weihnachtsschmuck. Kommt jemand mit?"

Na klar, das wollen sich Anna, Luisa, Ben und Tim nicht entgehen lassen. Zusammen durchwühlen sie alle Schränke, Kisten und Kartons und entdecken den schönsten Weihnachtsschmuck: farbige Kugeln, glitzernde Sterne, Girlanden, Figuren aus Holz und vieles mehr.

„Aber ob das für den großen Baum reicht?", zweifelt Mama und stemmt die Hände in die Hüften.

„Fräulein Gröben hat doch vielleicht auch noch Sachen!", schlägt Ben vor.

„Und Frau Sonnenschein!", ruft Anna. „Sie hat sich so gefreut über das selbst gemachte Vogelhaus. Sie gibt bestimmt etwas."

Papa steckt seinen Kopf durch die Tür vom Dachboden. „Sagt mal, wollen wir nicht einfach alle aus dem Dorf zu unserem Fest einladen? Wie haben einen schönen Baum, einen neuen Freund und einen tollen Esel. Das müssen wir doch feiern."

„… und Jesus hat doch auch Geburtstag!", unterbricht Luisa ihn. „Papa, deshalb feiern wir doch Weihnachten! Erzählst du wieder die Geschichte?"

Papa nimmt Luisa in den Arm und streichelt ihren Kopf. „Natürlich erzähle ich dann die Weihnachtsgeschichte! Aber jetzt müssen wir uns beeilen, alle einladen und alles vorbereiten. Helft ihr mit?"

23. Alle werden eingeladen

Die Jungen holen Elias und Rona aus dem Stall, Anna und Luisa nehmen die Ponys Sternchen und Wolke. Die Kinder bürsten die Esel und die Ponys. Sie machen sie für Weihnachten schön. Anna flechtet rote Bänder in die Ponymähnen und Luisa hängt kleine Sternchen an die Halfter.

„Sie sehen richtig nach Weihnachten aus!", stellt Luisa fest. „Und jetzt sind sie die besten Weihnachtseinlader!"

Die Kinder ziehen los und laufen im Dorf durch die Straßen und klingeln an allen Türen. Sie laden ein zur großen Weihnachtsfeier. Frau Sonnenschein freut sich, als die Kinder mit Elias vor der Tür stehen. Aber sie schaut vorsichtig zu ihrem neuen Vogelhäuschen hinüber. Sie verspricht, mit einer großen Kiste voll Weihnachtsbaumschmuck auf den Hof zu kommen und bei den Vorbereitungen zu helfen. Danach gehen die Kinder zu den Eltern von Anna und Tim. „Natürlich kommen wir und feiern mit euch!", sagen sie. Als sie an Fräulein Gröbens Tür klopfen, strömen bereits die herrlichsten Düfte aus dem Küchenfenster. „Ich backe schon für das Fest!", ruft sie fröhlich.

Auch der Bäcker und seine Frau versprechen, bei der Weihnachtsfeier dabei zu sein, wie auch Bauer Höttges und seine Familie. Alle freuen sich über die geschmückten Ponys und Esel.

Als die Kinder zurückkommen, helfen sie Damir und Papa, die große Tanne mitten im Hof aufzustellen. Wie schön sie ist, schon ohne Schmuck, wunderbar weihnachtlich. Fräulein Gröben und Frau Sonnenschein kommen mit großen Schachteln und Dosen in den Händen. Goldene Sterne, funkelnde Kugeln und Holzengel möchten sie an den Baum hängen.

Mama trägt die große Leiter aus dem Schuppen und sie fangen an, den großen Baum zu schmücken. Als der Weihnachtsbaum bunt und glitzernd strahlt, steckt Papa auf jede der vier Spitzen einen roten Stern, für jedes Kind einen.

„Einen so schönen Baum hatten wir noch nie!" Mama ist zufrieden.

„Jetzt fehlt noch das Weihnachtsessen für Rona, Elias und die Ponys!", sagt Damir. „Helft ihr mir, Kinder?"

Na klar, helfen sie ihm. Damir zersägt den durchlöcherten Weihnachtsbaum und die Kinder verteilen die Zweige. Jeder soll etwas bekommen: Rona und Elias, Sternchen und Wolke und auch der kleine Anton. „I-ah!", ruft Elias zufrieden und die Ponys schnauben. Genüsslich fressen sie ihre Weihnachtsleckerei.

Damir und Papa tragen Holz in den Hof und schichten es auf für ein gemütliches Feuer. Mama hat mit Bauer Höttges Tische im Hof aufgestellt. Fräulein Gröben und Frau Sonnenschein tragen Glühwein, Kinderpunsch und köstliche Leckereien aus dem Haus.

Papa zündet ein knisterndes Feuer an. Es riecht nach Schnee und nach Gewürzen, nach einem Weihnachtsfeuer und nach leckerstem Essen. Jetzt können die Gäste kommen!

24. Das große Fest

Einer nach dem anderen treffen die Gäste auf dem Hof ein. Sie bestaunen den schönen Baum, wärmen sich am Feuer und begrüßen Elias und Damir, die neuen Bewohner von Herzbruch.

„Herzlich Willkommen bei uns im Dorf!", sagt der Bäcker zu Damir. „Ich hatte sogar schon eine Belohnung aussetzen wollen für denjenigen, der den geheimnisvollen Dieb fängt. Aber die Kinder waren mal wieder schlauer als wir und haben Elias geholfen! Ich freue mich, dass ihr hier seid."

Zwischen all den Gästen läuft Finchen aufgeregt hin und her. An diesem Abend liegt eine ganz besondere Stimmung in der Luft, nicht nur weil mitten im Hof ein geschmückter Baum steht und ein knisterndesFeuer brennt. Als sich alle begrüßt haben und mit einem warmen Getränk versorgt sind, versammeln sich die Bewohner von Herzbruch rund um das Feuer. Elias und Rona stehen nebeneinander am Zaun und knabbern sich gegenseitig an den Mähnen. Anna stupst Luisa an. „Guck mal! Rona hat endlich einen richtigen Freund gefunden."

Sternchen und Wolke fressen Zweige ihrer Weihnachtstanne und zwischen ihnen steht das kleine Pony Anton und kaut ebenfalls.

Fräulein Gröben kommt zu den Kindern herüber. „Ihr habt dafür gesorgt, dass Damir und Elias ein tolles Weihnachtsgeschenk bekommen haben, ein neues Zuhause nämlich. Und dank euch haben wir nun alle ein so wunderbares Weihnachten! Ich bin stolz auf euch", sie lächelt die Kinder an.

Als es ganz ruhig geworden ist, räuspert Papa sich: „Vor vielen, vielen Jahren in einem fernen Land begaben sich zwei Menschen, Maria und Josef, mit ihrem Esel auf eine lange Reise." Papa macht eine kleine Pause und holt Luft

„I-ah!", ruft es da vom Gatter, „I-ah!"

„Elias, kennst du die Geschichte
auch? Willst du sie erzählen?",
fragt Ben. Alle lachen, aber
Elias guckt ganz ernst.

„Also", räuspert sich Papa.
„Die beiden waren auf dem
Weg nach Bethlehem. Es war
sehr beschwerlich, denn Maria erwartete ein Baby. Und als
sie in Bethlehem ankamen, fanden
sie nirgendwo eine Herberge, in der sie
schlafen konnten. Niemand hatte Platz für
sie. Und dann hatten sie doch noch Glück: Sie
durften in einem Stall übernachten. In dieser Nacht
kam das Baby zur Welt. Sie nannten es …"

„JESUS!", unterbricht ihn Luisa und kuschelt sich in Papas Arm.
„Das Baby heißt Jesus!"

„Genau!", sagt Papa. „Das Baby hieß Jesus. Und Jesus war ein ganz
besonderes Kind, nämlich der Sohn Gottes. Von ihm ging ein besonderes Strahlen aus, und von nah und fern kamen viele Menschen, Hirten und Könige, um es zu besuchen und ihm Geschenke
zu bringen. Alle, die zum Jesuskind kamen, fühlten etwas Besonderes in seiner Nähe. Und sie trugen die frohe Botschaft dieser wunderbaren Nacht hinaus in die Welt."

Als Papa fertig ist mit der Geschichte, ist es ganz still geworden.
Alle schauen in das prasselnde Feuer und genießen diese besondere Nacht und denken an das kleine Baby, das vor 2000 Jahren in
einem Stall in Bethlehem geboren wurde.

„I-ah", ruft Elias ganz leise, fast schon flüstert er. „I-ah!"

Bibliografische Information Der Deutschen Bibliothek

Die Deutsche Bibliothek verzeichnet diese Publikation in der
Deutschen Nationalbibliografie; detaillierte bibliografische Daten sind im Internet
unter http://dnb.ddb.de abrufbar.

1. Auflage 2012
© 2012 Verlag Ernst Kaufmann, Lahr
Printed and bound by Leo Paper · ISBN 978-3-7806-2850-3